Inhalt

Motivationskiller "Angst"

Kernthesen

Beitrag

Fallbeispiele

Weiterführende Literatur

Impressum

Motivationskiller "Angst"

M.Reiner

Kernthesen

- In Zeiten von Unsicherheiten, bedingt durch den schwierigen Arbeitsmarkt, leiden viele Beschäftigte unter Angst und Beklemmungen. (1), (12)
- Motivationslosigkeit, Unproduktivität, Loyalitätsverluste und mangelnde Kreativität sind die Folge und führen den Unternehmen und der Wirtschaft jährlich hohe finanzielle Schäden zu. (1), (2), (4), (7), (12)
- Aufgabe von Führungskräften muss es daher in Zukunft verstärkt sein, sich mit dem Thema Angst auseinander zu setzen und durch geeignete Maßnahmen den

Schäden entgegen zu wirken. (2), (5)

Beitrag

Viele Unternehmer sind der Meinung, dass die Mitarbeiter aus Angst vor der Arbeitslosigkeit ihrer Firma loyal zugetan sind und produktiver arbeiten. Doch gerade in Krisenzeiten wächst die Unsicherheit unter den Beschäftigten und senkt deren Motivation und Produktivität. Die Folge sind große finanzielle Schäden für die Betriebe und die Wirtschaft.

Angst im Arbeitsalltag

In Krisenzeiten ist die Angst unter den Mitarbeitern in Unternehmen besonders hoch. In Deutschland leiden 60,6 Prozent der Beschäftigten unter Angst. Laut einer Umfrage des Wirtschaftsmagazin "Junge Karriere" und dem Onlinedienst "Monster.de" haben 34 Prozent der 2000 Befragten Angst um den Arbeitsplatz, 10 Prozent fürchten sich vor ihren Vorgesetzten, 8 Prozent gestehen ein, Angst vor ihren Kollegen zu haben. (1), (12)

Doch viele Unternehmer sind sich der dadurch entstehenden wirtschaftlichen Nachteile nicht bewusst.

Schaden für die Unternehmen

"Angst lähmt". Dieser Spruch trifft ebenso auf ängstige Mitarbeiter am Arbeitsplatz zu. Durch die Angst Fehler zu machen und den Arbeitsplatz zu verlieren, sinkt die Kreativität und Innovationsstärke vieler Mitarbeiter.

Motivationslosigkeit, Unproduktivität und fehlendes Engagement sind typische Symptome angsterfüllten Personals. Nicht selten folgen Loyalitätsverlust, innere Kündigung oder der Missbrauch von Psychopharmaka bzw. Alkohol. (1)

Wirtschaftsforscher konstatieren, dass durch den Faktor "Angst" jährlich Kosten in Höhe von 75 Milliarden Euro entstehen. (1)

Doch es gibt Abhilfe: Mit der richtigen Personalpolitik können Unternehmer dem Motivationskiller Angst entgegentreten und einem Produktivitätsverlust vorbeugen.

Was können Vorgesetzte tun?

Offene Kommunikation

Eine vertrauensfördernde Informationspolitik ist nach Meinung von Experten das Wichtigste im Umgang mit Angst. Nur wenn die Mitarbeiter das Gefühl haben, mit ihren Befürchtungen nicht alleine zu sein und ernst genommen zu werden, kann die Angst abgebaut und somit die Verantwortung und die Produktivität gesteigert werden. (2), (4)

Informationen und Transparenz zum aktuellen Unternehmensgeschehen steigern die Glaubwürdigkeit der Firma und geben der schädlichen Gerüchteküche keine Chance. (2)

Verantwortung übertragen

Mitarbeiter, die Angst haben, neigen dazu ihre Verantwortung auf andere abzuschieben. Werden Beschäftigte aufgefordert, Lösungswege zu suchen und Kritik zu üben, können energetische Potenziale der Angst freigesetzt und für produktive Maßnahmen eingesetzt werden. (3), (10)

Ziele formulieren

Um die Motivation der Mitarbeiter zu steigern, sollten klare Ziele ausgegeben werden. Eine verständliche Strategie und eindeutige Unternehmensziele mindern die allgemeine Verunsicherung und geben dem Personal die Möglichkeit, ergebnisorientiert und effektiv zu arbeiten. (4), (9), (11)

Faire Personalentscheidungen

Kündigungen bringen Motivationsverluste, Fehlzeiten und Produktivitätseinbußen. Bei unklaren Vorgehensweisen seitens der Unternehmensleitung bestimmen Spekulationen den Arbeitsalltag und selbst nicht gekündigte, leistungsstarke Mitarbeiter entschließen sich, das Unternehmen zu verlassen. Deshalb sind eine faire Trennungskultur und eventuelle Hilfestellungen (wie z.B. Outplacement-Beratungen) die Voraussetzung, um den Mitarbeitern die Angst vor dem Arbeitsplatzverlust zu nehmen und Loyalität unter dem bleibenden Personal zu erreichen. (7)

Training von Führungskräften

Das Thema Angst überfordert viele Führungskräfte, da es stark emotionsgebunden und nur schwer über logische Muster erfassbar ist. Deshalb ist es ratsam, Führungskräfte auch für solche Situationen und Krisenzeiten zu trainieren. (2)

Verhalten beobachten

Nur selten kommunizieren Mitarbeiter ihre Angst tatsächlich nach außen. Symptome für Angstzustände sind beispielsweise ein hoher Krankenstand, verhinderte Kritik, erlahmendes Engagement. (4), (5)

Aufgabe der Führungskräfte muss es von daher sein, Gespräche zu führen, Stimmungen wahrzunehmen und ein offenes Ohr für die Mitarbeiter zu haben. Erst wenn Verständnis nach außen getragen wird, kann auch Verständnis für interne Umstrukturierungen erwartet werden. (2), (4), (5)

Um den Mitarbeiten ihre Angst zu nehmen, sollte im

Vorfeld jedoch genau analysiert werden, was die Mitarbeiter am stärksten verunsichert. Erst dann können Lösungswege aufgezeigt werden. (2)

Fallbeispiele

Eine Umfrage mit 2000 Angestellten zum Thema Angst führte das Wirtschaftsmagazin "Junge Karriere" in Zusammenarbeit mit dem Onlinedienstleister "Monster.de" durch. An erster Stelle der Skala steht bei den Befragten die Angst um den Arbeitsplatz, gefolgt von der Angst vor dem Chef. Nur 42 Prozent der Befragten gaben an, keine Angst zu haben. (1), (12)

In Zeiten der Angst scheuen sich Mitarbeiter vor neuen Ideen und kreativen Lösungen. Verantwortung wird abgegeben und Duckmäuserei großgeschrieben. Doch gerade jetzt sollten nach Ansicht von François Hartz, dem Managing Director bei McCann-Erickson BCA, Frankfurt/Main, die Agenturen keine Misstrauenskultur betreiben, sondern positiv denken und neue Chancen in Angriff nehmen. (8)

Zehn Regeln für den Umgang mit Angst liefert

Siegfried Kartmann, Trainer für soziale Kompetenz und Führung im Betrieb, in Heft 6 der Zeitschrift ProFirma. (4)

Eine vertrauensfördernde Informationspolitik ist eine der wichtigsten Voraussetzungen für die Mitarbeiterloyalität in Unternehmen. Zu diesem Ergebnis kommen die Süddeutschen Zeitung, die Dekra Akademie GmbH und die Atoss Software AG in ihrer Studie "Standort Deutschland: Zukunftssicherung durch intelligentes Personalmanagement". Insgesamt wurden 255 Personalleiter und Führungskräfte aus Industrie und Dienstleistung in deutschen Top 1000 Unternehmen befragt. Obwohl über 70 Prozent der Befragten eine sachgeregte und vollständige Information über das aktuelle Unternehmensgeschehen für notwendig halten, klagen die meisten Unternehmer über Mängel in diesem Bereich. Die Studie kann unter der Tel: 089/41 95 99-10 oder unter www.maisberger.de für 290 Euro zzgl. MwSt bezogen werden. (6)

Was tun, wenn ein Mitarbeiter resigniert, wütend oder trotzig wird? Um die Motivation und das Engagement des Personals zu fördern, sollten Führungskräfte die Stimmungen im Team erkennen können. In der Praxis werden vier Arten von Physiologien unterschieden. Was die Symptome dafür sind und wie Führungskräfte damit umgehen sollten, darüber informiert die Zeitschrift BA Beschaffung aktuell in ihrer Juniausgabe. (5)

Um den Mitarbeitern in Krisenzeiten die Angst vor dem Arbeitsplatzverlust zu nehmen, ist eine faire Trennungskultur in den Unternehmen Voraussetzung. Durch Outplacement Beratungen wird den Beschäftigten die Angst vor der Kündigung genommen und die Loyalität und Motivation des Personals erhalten. (7)

Interessante Einblicke zum "Angst in Unternehmen" geben Führungskräfte unterschiedlicher Firmen in der Zeitschrift ProFirma. (2)

Aus Angst vor einem Arbeitsplatzverlust ist in den ersten sechs Monaten dieses Jahres der Krankenstand in deutschen Unternehmen auf ein Minimum von 3,66 Prozent gesunken. Doch die Tücken dieser anscheinend positiven Nachricht machen sich erst später bemerkbar: Laut Umfragen gehen 30 Prozent der Befragten entgegen Anraten des Arztes zur Arbeit. Es werden Krankheiten verschleppt, neue Krankheitsbilder entstehen. Frühverrentungen aufgrund physischer und psychosomatischer Belastungen werden dadurch immer häufiger.

Mehr Informationen zum Thema Angst gibt es auf der Homepage der Deutschen Angstselbsthilfe (www.panik-attacken.de) oder unter www.angst-auskunft.de mit Ratschlägen zu Anti-Angst Trainings. (1)

Detaillierte Einblicke zum Thema "Kostenfaktor Angst" liefert die gleichnamige Studie von Wilfried Panse und Wolfgang Stegmann. Die Studie erschien Ende neunziger Jahre als Buch. Insgesamt wurden über drei Jahre 1200 Führungskräfte und Mitarbeiter nach ihren Ängsten befragt. (12)

Weiterführende Literatur

(1) 60 Prozent der Menschen haben Angst im Job
aus wirtschaft&weiterbildung, Heft 07/08 2003, S. 17

(2) UMFRAGE Die Meinung der Profis: "Gefühle zu zeigen, ist mutig"
aus ProFirma, Heft 06/2003, S. 14

(3) Interview-"Eine Frage der Fairness"
aus ProFirma, Heft 06/2003, S. 11

(4) Der "Ja-Sager" ist ein gefährlicher Ratgeber-
aus ProFirma, Heft 06/2003, S. 12

(5) Bastian, Thomas H, Kommunikation mit den Mitarbeitern. Das Geheimnis des "magischen" Händchens, BA Beschaffung aktuell, Heft 6, 2003, Seite 68

aus ProFirma, Heft 06/2003, S. 12

(6) Information fördert die Motivation, Stuttgarter Zeitung vom 12.07.2003, Seite 9
aus ProFirma, Heft 06/2003, S. 12

(7) Siemann, Christiane, Wer Angst hat, ist nicht mehr loyal. Für eine faire Trennungskultur, Stuttgarter Zeitung vom 31.05.2003, Seite 15
aus ProFirma, Heft 06/2003, S. 12

(8) Hört auf zu jammern!
aus werben & verkaufen Nr. 29 vom 18.07.2003 Seite 022

(9) Mutmacher "Eigeninitiative"
aus ProFirma, Heft 07/2003, S. 66

(10) Angelopoulou, Alexia, Am liebsten Anerkennung. Der Job muss selbst motivieren, Stuttgarter Zeitung vom 28.06.2003, Seite 9
aus ProFirma, Heft 07/2003, S. 66

(11) Vieser, Susanne, Führung. Im Gespräch bleiben, Focus-Money, Ausgabe 26 vom 18.06.2003, Seite 072ff.
aus ProFirma, Heft 07/2003, S. 66

(12) Deckstein, Dagmar, Bilanz der Angst, Süddeutsche Zeitung, Ausgabe Deutschland vom 19.05.2003, Seite 22
aus ProFirma, Heft 07/2003, S. 66

Impressum

Motivationskiller "Angst"

Bibliografische Information der deutschen Nationalbibliothek

Die Deutsche Nationalbibliothek verzeichnet diese Publikation in der deutschen Nationalbibliografie; detaillierte bibliografische Daten sind im Internet über http://dnb.d-nb.de abrufbar.

ISBN: 978-3-7379-0871-9

© 2015 GBI-Genios Deutsche Wirtschaftsdatenbank GmbH, Freischützstraße 96, 81927 München, www.genios.de

Alle Rechte vorbehalten. Dieses Werk ist einschließlich aller seiner Teile – z.B. Texte, Tabellen und Grafiken - urheberrechtlich geschützt. Jede Verwertung außerhalb der Grenzen des Urheberrechtsgesetzes bedarf der vorherigen Zustimmung des Verlags. Dies gilt insbesondere auch für auszugsweise Nachdrucke, fotomechanische Vervielfältigungen (Fotokopie/Mikroskopie), Übersetzungen, Auswertungen durch Datenbanken oder ähnliche Einrichtungen und die Einspeicherung und Verarbeitung in elektronischen Systemen.